Edición original: **OQO editora**

Alemaña 72	36162 Pontevedra
Galicia	ESPAÑA
T +34 986 109 270	F +34 986 109 356
OQO@OQO.es	www.OQO.es
Diseño	Oqomania
Impresión	Tilgráfica II
Primera edición	noviembre 2011
ISBN	978-84-9871-362-6
DL	PO 535-2011

A mi madre y a mi hermana Txeres. ***P. C.***

A mi madre, que supo alimentar mi creatividad. ***Ch.***

texto de Paula Carbonell

un perro y un gato

ilustraciones de Chené Gómez

OQO editora

Un perro y un gato se conocieron.

El perro dijo: **¡Guau!**

El gato dijo: **¡Miau!**

Pero no se entendieron.

El gato ronroneó, frotándose contra el perro.

El perro movió la cola y lamió al gato.

Los dos sonrieron.

Comenzaron a jugar al perro y al gato.

El gato corría
y el perro lo perseguía.

Era divertido.

El perro atrapó al gato,
le plantó sus patas encima
y sacó los dientes.

El gato, atrapado debajo del perro, sacó las uñas.

El perro gruñía.

El gato bufaba.

El perro olvidó que era un juego
y mordió al gato.

El gato olvidó que era un juego
y arañó al perro.

El gato logró escapar y se subió a un tejado.

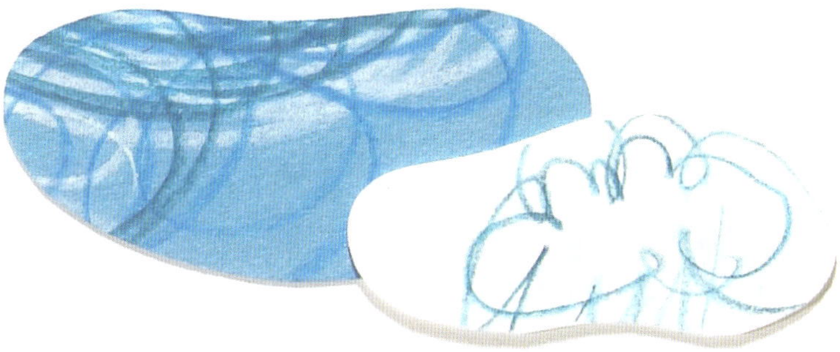

El perro lo esperaba abajo.

Pasaron muchas horas.

El gato maullaba. El perro ladraba.

Pero no se entendían.

Llegó la noche.

Estaban cansados y aburridos.

El gato se tumbó en la cornisa del tejado.

El perro se echó a los pies de la casa.

Se durmieron y soñaron.

El perro, con el ronroneo del gato.

El gato, con el lamido del perro.

Se despertaron.

El perro miró al gato.

El gato miró al perro.

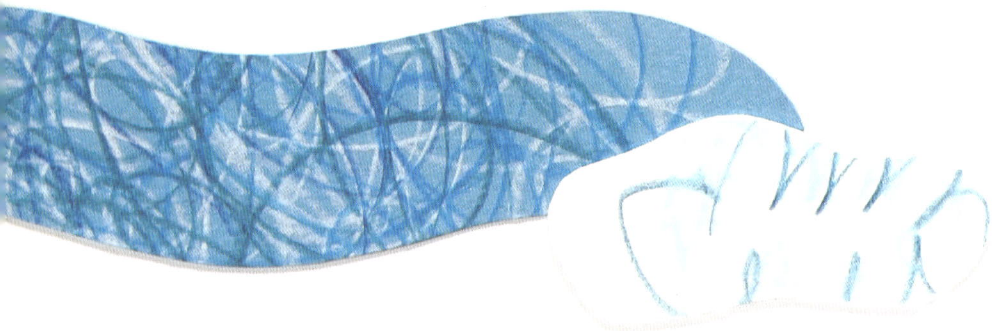

El perro dejó de ladrar y movió la cola.

El gato bajó del tejado y ronroneó.

—Lo siento –dijo el perro.

—Yo también –dijo el gato.

Y, juntos, se fueron a jugar.